TAO

Temps
Ordre
Amour

Marcos Cervantes Janssen

TOA

Temps

Ordre

Amour

De : Marcos Cervantès Janssen

INDICE:

AVANT-PROPOS :

TOA, est un traité dans lequel une triangulation est effectuée, de trois aspects fondamentaux de notre existence, le temps, l'ordre et l'amour, sont des partenaires dans une direction correcte dans la marche évolutive humaine, dans la section temporelle nous désignons ses trois parties fondamentales, nécessaires l'un de l'autre pour former l'éternité. C'est comme un second ordre, issu de la marque continue et imparable du temps, une progression unidirectionnelle, et enfin l'amour, qui en termes objectifs est le Respect, dans le plus pur de ses exercices. TOA envisage la véritable corrélation et la nécessité de son action conjointe. TOA définit l'intégration de l'Être, en correspondance avec son séjour, sa conduite pleine et fonctionnelle dans notre existence. TOA essaie de démontrer que le raisonnement humain vient de la lumière divine, et ne se trompe pas par hasard, puisque l'existence infinie et éternelle est consciente et volontaire comme origine et destinée.

TOA propose d'entrevoir l'éveil possible à travers une foi qui fonctionne par la raison et avec un cœur renouvelé à la lumière, non seulement de l'espérance mais de l'action et de la tentative de changement, ce que nous constatons déjà gâché notre marche. Ce n'est qu'à travers le Temps vital que nous découvrons que seul l'Ordre intégral nous conduit au véritable Amour et avec lui à la LIBERTÉ absolue.

DERNIER:

La première partie de TOA est le temps, qui est ÉTERNEL dans sa forme intégrale. Le temps se décompose en trois; deux éternels et un temporaire. Le passé, comme la première partie du TEMPS, est éternel, bien que nous ne le comprenons pas, car matériellement nous avons toujours existé, non pas sous la forme que nous avons aujourd'hui, mais la matière dont nous sommes faits a toujours existé, elle n'a été que transformée et façonné de manière incroyable. pour donner naissance à un corps biologiquement fonctionnel, notre esprit, en revanche, a participé à jamais, à la conscience absolue et éternelle de TOUT, notre compréhension ne s'arrête pas à nos pensées immédiates, notre origine mentale est infini, tel est le cas que la source de notre compréhension n'a pas de limites.

Et enfin la vie en nous existant, appelée par de nombreuses philosophies et religions ESPRIT. Notre esprit, qui est feu, lumière et souffle de vie, non seulement provient, mais est encore plus une partie active et latente de toute la vie de l'EXISTENCE. Je tiens à préciser que ces notions ne sont en aucun cas des doctrines, encore moins des dogmes, la liberté de pensée, qui dans le cas présent, est celle qui parle sans crainte de jugement. De même que les nombres négatifs sont imaginaires et infinis, le passé n'existe pas, mais seulement en tant qu'apprentissage, et une origine profonde et infinie.

CADEAU:

Des trois parties du temps, le présent est la seule partie tangible, mais fugace par son mouvement. Le présent est un instant qui divise l'éternité en deux zones infinies non tangibles, un passé dont on ne peut que se souvenir, et un futur qui ne peut qu'être projeté ; De plus, je souligne avec beaucoup d'emphase que c'est une grave erreur de simplement mettre notre attention et notre énergie dans le présent, car le présent est inutile sans apprentissage et planification pour être dans la PLÉNITUDE consciente. Maintenant c'était sans aucun doute hier, et demain sera sans aucun doute maintenant ; C'est donc ici que je définis le PRÉSENT comme inexistant sans prendre ces deux ailes appelées passé et futur avec une attention et un sérieux total afin de prendre son envol en pleine conscience de l'ÊTRE.

Le présent est un grand don de l'existence qui révèle l'intégrité de chacun de nous en lui. Le TOA se vit dans l'ordre du temps ; respectant la nature de sa construction, que nous avons remplie par inadvertance, à l'origine et à la destination de sa volonté totalitaire. De cela, nous ne sommes qu'une infime partie incroyable; de plus il est possible d'affirmer que cette participation est extrêmement importante et unique, pour chaque individu existentiel. Ainsi, le présent est l'occasion de tester la conscience en tant qu'union dans notre être d'ÉTERNITÉ.

FUTUR:

Dans TA le futur désigne la chose la plus importante, puisque le présent qui est si pointé dans les médias commerciaux, ne dérive que du futur, tout ce que vous pensez, vient du futur, puisque c'est une projection de ce qui était prévu, bien sûr c'est dans le temps présent où il est pris des mesures, mais pensé au-delà de la vitesse de la lumière, porte la décision de l'intention générée dans votre esprit, l'avenir sera, et l'avenir ne s'arrête pas. Dans le domaine de la prédestination, la planification, les objectifs et l'innovation sont des domaines d'avenir, sans aucun doute. Or, c'est notre passé qui, dans le présent, génère ces pensées futures dans nos esprits, et ce sont ces pensées futures qui feront la réalité de nos vies dans le présent, remplissant ainsi notre passé d'une nouvelle histoire. Pensez-y, si nous n'isolons que le présent, il n'y aura aucun moyen de traiter le passé pour apprendre et s'améliorer dans le présent pour évoluer dans le futur. Ce n'est qu'en construisant l'avenir que nous pourrons corriger les décisions du présent dans le temps et exécuter les actions, vraiment alignées sur les intentions originales générées par nous. Planifier, concevoir et être un stratège, réduit le facteur d'erreur, dans l'exécution actuelle de la reproduction de notre passé, comme une véritable expérience.

RENDRE HOMMAGE À:

Le thème du temps dans ses trois phases est terminé, et il est maintenant temps d'entrer dans la matière de l'Ordre de TOA, c'est donc l'ordre central dans cette matière comme l'est le SOLEIL dans la galaxie, donc l'HONNEUR ne peut qu'être expérimenté , dans un esprit ordonné, l'honneur est l'ordre humain de mener toutes les activités sociales à la lumière de sa propre conscience, il n'implique pas nécessairement des croyances, des doctrines ou des dogmes, la vraie liberté humaine s'éprouve dans l'acte transparent du bien commun, aujourd'hui La vertu d'honneur a été considérée comme perdue, mais dans l'esprit humain il y a des bases universelles qui ne disparaîtront jamais.

L'exclusivité ne se bat pas avec la diversité lorsque l'honneur naturel d'un être humain guide sa marche à travers l'expérience de vie, un raisonnement sain et intelligent au sein du bien commun, entraîne magnétiquement des êtres qui, par leur constitution naturelle de la lumière correcte, sont guidés par des chemins de clarté, charité et qualité. Décidément l'être humain porte la lumière de la grandeur, venant du bien commun, et l'appel à la fraternité est universel, ce qui n'est pas sectaire ; un exercice de raisonnement compréhensif est nécessaire pour pouvoir accepter le bien commun comme son propre bien. Ce n'est qu'alors que l'honneur d'être un humain nous forgera en tant que bonnes personnes, mais cela ne peut être atteint qu'en pratiquant.

DISCIPLINE:

En guise d'éclaircissement et d'apologie de la vraie liberté, il a affirmé que ce document ne touche pas aux préceptes religieux afin de ne pas heurter des positions particulières. La discipline au sein du sujet du TOA, entre dans l'ordre chronologique, ce qui, pour convenir au bien commun et sans invalider le bien individuel, dénote la nécessité de dire pleinement oui (discipline) à tout ce qui, par l'expérience expérientielle, est pour le bien individuel et commun. La discipline ne peut être exercée que lorsque l'individu se fie à son bien individuel, n'étant l'exécuteur de la discipline que pour ceux qui apprécient, connaissent et protègent le bien commun. C'est ici que la somme des garanties individuelles garantit le bien-être collectif, par une discipline démontrée. Cette démonstration n'est valable que si elle vient de l'expérience de vie, dans des enjeux générés pour le bien de la communauté, ceci de manière pratique et tangible.

Dans le thème précédent TEMPS, nous désignons un fort alignement d'ordre, les trois temps correspondent à une discipline pure et naturelle d'ordre linéaire ; donc dans TA le point d'équilibre entre la temporalité et l'intentionnalité qui est intemporel (AMOUR), nous reconnaissons l'ordre comme point central, et pour cela la discipline de tous ses acteurs constitutifs, cela semble une idée abstraite, mais vraiment l'ordre par la discipline , est vraiment pratique et réel.

TRANSPARENCE:

Il n'y a pas d'ordre sans transparence, l'ordre apparent est celui qui feint la stabilité, mais dans ses fondements la corruption favorise l'instabilité à tous les niveaux, qu'il soit personnel ou social, la structure d'un individu ou d'une société est directement affectée par sa transparence ou le besoin d'elle Il est bien connu qu'au niveau moléculaire le cancer ressemble à une masse trouble d'affectation désordonnée, conduisant la cellule à sa décomposition totale. De la même manière, la société et tous ses niveaux de gouvernement sont également touchés par le manque de transparence, la recherche scientifique révèle les affectations cachées de tout système à corriger, dans le TOA nous aurons par chronologie l'étude disciplinée du facteur à transparent, à travers des processus de respect mutuel qui génèreront une discipline à tout moment. C'est la conciliation par la transparence, la méthode disciplinaire par excellence, bien que la vérité nous donne la liberté, c'est ici que le TOA nous conduit à une vie de respect mutuel, aussi appelée vivre la loi du juste amour. La transparence n'est pas exactement faire connaître notre passé, puisqu'il n'est plus utile au présent que pour l'enseignement, de plus les intentions doivent être transparentes pour une communion de projets futurs ; donnant ainsi la possibilité à temps de corriger les cours prévus.

RESPECT:

Le mot respect a un sens profond et objectif, le respect c'est l'AMOUR. Dans TOA, la troisième partie est celle-ci, le respect mutuel. Le respect dans ce sens fraternel n'est pas seulement de fixer des limites, mais encore plus de vivre sans limites dans la pleine harmonie de la coopération mutuelle, ainsi que de céder aux affaires individuelles de chacun. Cela ne signifie pas séparer ou omettre le contact, mais avoir une relation pleine avec une transparence totale, et renoncer consciemment à l'intimité de toutes les affaires des semblables de son plein gré. C'est ici que l'honneur est primordial et la transparence essentielle pour une corrélation respectueuse en pleine collaboration et interaction sociale. Le respect de la vie, le bien-être des autres et leurs garanties individuelles se traduisent par les leurs. La paix est l'équilibre avec une oscillation minimale. La guerre intérieure est la soumission des convoitises et des excès personnels, le meilleur allié pour une vraie paix extérieure est l'éloquence intérieure personnelle.

Le respect de soi est la maxime de l'évolution dynamique, pour une véritable croissance soutenue des individus, et donc de la société. Ainsi, la civilisation pourra entrer dans une plénitude de conciliation propre à chacun et à son collectif. Il est important de souligner que les leaders sociaux sont les premiers à approuver cette pratique très importante, le RESPECT.

LA NOBLESSE:

La noblesse déjà traitée dans le texte intitulé NATUREL, de la série Existence, est la vertu naturelle de l'être humain à la naissance, au fil des années et avec l'apprentissage, la noblesse est soumise à des croyances et des pratiques qui ne sont pas vraiment commodes ; plus le désir de satisfaction, a provoqué un état de consommation excessive, récoltant ainsi la noblesse que par nature chaque être humain contient, dans ses fondements génétiques. La noblesse est toujours présente en nous, essayant de se manifester de bien des manières à l'étranger ; C'est ici que ce troisième volet du TOA permet sa croissance. L'amour, aussi appelé respect fraternel, chasse de manière exponentielle la noblesse de sa prison intérieure, la noblesse humaine est constituée de toutes ces vertus qui font de l'être humain un lien fort, éclairé et guérisseur. La noblesse vous attend toujours et la clé de votre libération intérieure est l'amour. Le TOA, qui est composé de temps, d'ordre et d'amour, peut être d'une grande nourriture pour votre croissance dans cet aspect. Être vraiment Noble fait référence à un être humain plein de richesses intérieures, possesseur et pratiquant de toutes les vertus déposées en lui, il n'y a pas un être humain qui manque de dons, de capacités et de vertus pour son propre bien et surtout pour le bien commun.

ÉPILOGUE:

Je conclus cet écrit, en me souvenant que cela me procure un grand plaisir et une joie d'écrire pour vous et votre esprit, ces lignes dans chacun de mes traités, le TOA, est un concept nouveau et pratique, je sais qu'il y en a un nombre infini de vertus, de qualités et d'attitudes qu'ils ont expérimentées tout au long de leur vie. L'ordre est sans doute toujours nécessaire, et s'il s'exerce avec fraternité, pour chacun de nous, je suis tout à fait sûr que notre espèce possède toutes les ressources internes et externes pour une véritable bonne évolution.

Le temps ordonné dans l'amour, est le chemin dynamique que nous observons dans l'univers, il n'y aurait pas de vie sur notre planète sans ces trois facteurs, l'existence est notre professeur, et guide l'éternité, de ceux qui ont mis leurs cœurs alignés sur la logique évolutive , en faveur de la vie et de l'harmonie intégrale de notre civilisation. Nous faisons partie de la transformation quotidienne de ces temps, et nous expérimentons dans cette vie biologique tout ce que nous permettons, dans la liberté et le raisonnement collectif ; ainsi notre individualité aura un vrai but d'expansion. J'ai hâte de vous voir dans le prochain traité, cher lecteur...

SALUTATIONS FRATERNELLES HERMAN@S .^.

Bonjour, je suis chercheur, écrivain et ingénieur en communication, toute ma vie j'ai vécu des situations fortes, à tous points de vue, j'espère que votre vie continue à s'améliorer et que vous vous développez au maximum, élargissant vos connaissances, votre esprit et votre capacités, je sais que renforcer votre volonté, je suis sûr que nous pouvons trouver un moyen d'élargir notre existence, je veux toujours vous accompagner, et merci d'avance, pour ÊTRE.

TOA, est un traité dans lequel une triangulation est effectuée, de trois aspects fondamentaux de notre existence, le temps, l'ordre et l'amour, sont des partenaires dans une direction correcte dans la marche évolutive humaine, dans la section temporelle nous désignons ses trois parties fondamentales, nécessaires l'un de l'autre pour former l'éternité. C'est comme un second ordre, issu de la marque continue et imparable du temps, une progression unidirectionnelle, et enfin l'amour, qui en termes objectifs est le Respect, dans le plus pur de ses exercices.